김영택 선생님의
펜끝에서 되살아난

위대한 우리 문화유산

김영택 글 그림

새녘어린이

김영택 선생님의 펜끝에서 되살아난
위대한 우리 문화유산

1판 1쇄 인쇄 2014년 12월 15일
1판 1쇄 발행 2014년 12월 24일

글 그림 김영택
발행처 새녘출판사 **발행인** 권희준
책임편집 조옥임 **디자인** 명희경 **인쇄** 천일문화사
출판등록 2011년 10월 19일(제 406-2011-000164호)
주소 경기도 파주시 미래로 562
전화 02-323-3630 **팩스** 02-6442-3634 **이메일** books@saenyok.com

ⓒ 김영택, 2014
ISBN 978-89-98153-16-8 77610
ISBN 978-89-98153-08-3 (세트)

잘못 만들어진 책은 구입하신 서점에서 바꾸어 드립니다.

이 책의 저작권은 저자에게 있으며, 저자와 출판사의 허락 없이 내용의 일부를 인용, 발췌하는 것을 금합니다.
이 도서의 국립중앙도서관 출판시도서목록(CIP)은 서지정보유통지원시스템 홈페이지(http://seoji.nl.go.kr)와
국가자료공동목록시스템(http://www.nl.go.kr/kolisnet)에서 이용하실 수 있습니다. (CIP제어번호: CIP2014036071)

차례

경복궁 근정전 … 6

창덕궁 열고관과 개유와 … 8

흥인지문 … 10

범어사 일주문 … 12

통도사 범종루 … 14

불국사 석가탑 … 16

금강산 신계사 … 18

대한문 … 20

경복궁 근정문 돌짐승 … 22

혜화문 … 24

화서문과 서북공심돈 … 26

미륵사 서석탑 … 28

해인사 일주문 … 30

광화문 … 32

범어사 대웅전 … 36

건원릉 … 38

수원화성 방화수류정 … 40

용선대 … 42

미황사 대웅보전 … 44

소의문(서소문) … 46

철감선사 부도 … 48

함양 화림동 동호정 … 50

범어사 종루 … 52

금산사 미륵전 … 54

화성 화홍문 … 56

송광사 우화각 … 58

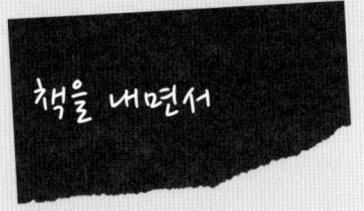

책을 내면서

제가 펜화를 그린 지도 어언 20년의 세월을 훌쩍 넘기고 있습니다. 작년부터는 어린이들과 제 펜화가 만나는 즐거움도 함께하여 더욱이 기쁜 일이었습니다.

이제 또 한 권의 그림책으로 어린이들과 만난다고 생각하니 가슴 설레는 일입니다.

현대의 어린이들은 미디어와 스마트폰의 영향으로 많은 영상과 그림에 노출되어 있습니다. 먼저 눈 건강에 무척이나 좋지 않을 것이라 생각합니다. 그것보다 더 염려스러운 바는 무분별한 색깔과 현란한 애니메이션을 통해 어린이들의 고운 마음과 안정된 정신함양이 저해받을까 걱정이 앞섭니다. 할아버지의 손주들 걱정이라 생각하시고, 널리 이해 바랍니다.

이번에 출간하는 그림책도 어린이들의 심성을 곱게 다듬는 일에 조그만 보탬이 되었으면 좋겠다고, 감히 생각해 봅니다.

펜화에서는 불필요한 요소를 빼버리기도 하고, 잘못 지어진 부분은 고쳐 그리기도 합니다. 문화재 앞에 세운 해설판이나 보호시설 등은 아예 삭제합니다. 다른 건물이 옆을 가릴 때도 삭제합니다. 나무에 가려서 제대로 안 보이는 경우에는 나무를 줄이거나, 옆으로 옮겨서 제 모습을 기록하기도 합니다.

흥인지문

동대문이라 불리는 '흥인지문' 자리는 청계천 하류의 습지대여서 통나무를 박고 사각형의 긴 돌(장대석)을 우물 정(井)자 형태로 여러 겹 쌓은 위에 지었습니다.

사방이 평야이므로 옹성을 둘러 적이 쉽게 성문을 공격하지 못하도록 했습니다. 그러나 육중한 무게 때문에 건물이 기울어져서 고종 때 새로 지었습니다. 그래서 국보 제1호인 숭례문보다 나이가 390살이나 적고, 이 때문에 숭례문보다 격이 낮은 '보물 제1호'가 됐습니다.

흥인지문의 기본 뼈대를 이루는 재료들은 숭례문에 비해 화려하나 나약해 보입니다. 국력이 약해지면 장인의 솜씨에도 힘이 빠지나 봅니다.

펜화로 담은 흥인지문은 1880년 즈음의 모습입니다. 그림 속 성벽이 현재보다 훨씬 높아 보일 것입니다. 도로공사를 하면서 지표가 1m60cm 정도 높아졌기 때문입니다.

보물 제1호, 조선시대
서울 도성의 4대문 중 하나로 동쪽에 있어 동대문으로 불리며, 본래 이름은 흥인지문(興仁之門)이다. 태조 5년(1396)에 건립되고 단종 1년(1453)에 새로 지어졌으며, 고종 6년(1869)에 이르러 전부 다시 새로 지어 현재의 모습을 갖추었다. 도성 내에 여덟 개의 성문 중 옹성을 갖춘 것은 흥인지문뿐이다.

창덕궁 열고관과 개유와

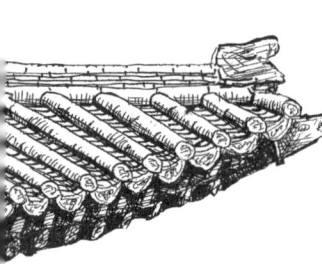

창덕궁 후원 부용지 연못 북쪽 언덕에는 큰 서고 '규장각'이 있습니다. 연못 남쪽 언덕에는 정조가 공부하던 서재 '열고관'(좌)과 '개유와'(우)가 있었습니다. 열고관은 아래, 위층 모두 사용할 수 있는 진짜 2층으로 당시에는 보기 드문 건물이었습니다.
'열고관'의 2층 창은 들어열개문으로 만들어 통풍이 좋게 하였고, 처마를 길게 하여 비가 들이치지 않도록 하였습니다.
2층 밖으로 마루를 덧붙이고 계자각 난간을 달았습니다.
마루를 받치는 낙양각도 크고 화려합니다.
서재 '개유와'에 수입도서 서고 '열고관'을 붙여 지은 것을 보면, 정조의 학구열이 얼마나 높았는지 짐작이 됩니다.
조선 말기까지 있었으나 일제강점기에 없어졌습니다. 펜화는 1920년대 찍은 유리원판 사진을 참고하여 그렸습니다.

조선시대
규장각의 부속건물로써 열고관이 있었다. 규장각에는 조선의 책을, 열고관에는 중국의 책을 나누어 보관하였고, 열고관의 책이 계속 늘어남에 따라 다시 개유와라는 서고를 증축하였다.

때에 따라서는 동양화의 관념기법을 차용하기도 합니다. 예를 들어 건물의 모습을 가장 잘 나타내는 구도를 잡았는데, 중요한 부위가 보이지 않는 경우에는 그림에 살려 넣는 것입니다. 물론 억지가 되지 않는 범위 내입니다.

이런 방법으로 그린 작품들은 국가의 재산이며, 나아가 세계의 문화유산이 된다고 생각합니다. '위대한 우리 문화유산' 제목은 우리 선조들이 만든 건축문화재에 대한 평가지만 펜화에 대한 제 자신의 애정 표현도 됩니다.

작년 한해는 부산 범어사 여러 법당들을 펜화로 담는 작업을 했습니다. 많은 예술가를 소리 없이 돕고 계시는 수불스님과의 인연으로, 2014년 범어사 캘린더를 펜화로 만들게 되었고, 보시하는 마음으로 범어사 일주문 그림도 새로 그렸습니다. 늘 보살펴 주시고, 소중한 기회를 만들어 주신 범어사 주지 수불 큰스님에게 큰 감사를 드립니다.

2014년 겨울 다래헌(茶來軒)에서
김영택

경복궁 근정전

대한민국을 대표하는 건축 문화재를 뽑는다면
어떤 건물에 투표를 하시겠습니까?
저는 주저없이 서울 경복궁 근정전에 한 표를 바치겠습니다.
근정전은 조선 왕조의 권위를 세우기 위해 온 정성을 다해 지은
가장 큰 정전입니다.
하얀 화강암 월대 위에 전면 5칸, 측면 5칸에 2층 지붕을 갖춘
당당한 자태는 대한민국의 대표 건축물로 손색이 없습니다.
돌난간을 두른 상하 2단 월대도 근정전에만 있습니다.
월대 난간 기둥마다 '법수'라고 하는 돌로 만든 짐승을 올려 놓았습니다.
50여 마리가 넘는데 조각 솜씨가 대단합니다. 그래서 저는 경복궁을 석조
동물원이라고도 부릅니다.
지붕과 용마루의 아름다운 곡선에 날아 올라갈 듯 하늘로 솟은 처마는
종일 보아도 싫증이 나지 않습니다.
이처럼 훌륭한 건축 유산을 가진 우리 국민은 행복한 국민이라고 생각합
니다.

국보 제223호, 조선시대
태조 4년(1395)에 경복궁을 만들면서 지어진 건물이며 역대 국왕의 즉위식이나 대례 등이
거행되었고, 조선 왕실을 상징하는 건물로 현존하는 국내 최대의 목조건물이다.
조선시대 건축의 정수이며 당시 건축술의 높은 수준을 보여준다.

범어사 일주문

범어사 일주문은 직경이 1m, 높이가 1.45m인 원추형 돌기둥 4개를 나란히 세우고 그 위에 짧은 나무기둥을 올린 것으로, 국내 일주문 중에서 가장 개성이 넘칩니다.

기둥을 지붕 네 귀퉁이에 세웠고 지붕을 지탱하는 굽은 기둥도 없습니다. 혹시 태풍에 넘어지지 않을까 걱정이 되지요? 다포식 포작(한옥에서 기둥과 지붕 사이에 화려하게 장식하는 구조물)과 겹처마 위에 무거운 지붕을 올려놓아 어떤 태풍에도 끄떡없답니다.

조선시대

범어사 일주문은 광해군 6년(1614)에 세웠고, 숙종 44년(1718)에 돌기둥으로 바꾸었다. 현 건물로 세운 것은 정조 5년(1781)이다. '선찰대본산'이라는 현판과 '금정산범어사'라는 현판은 1912년 해사당(海蛇堂)스님이 썼다. 형태와 기법의 변화를 꺼리던 조선의 일주문으로는 파격적 건축이며, 이러한 특이함 때문에 일주문이 범어사의 캐릭터가 되었다.

통도사 범종루

새벽 2시 58분… 도량석(새벽 예불을 하기 전에 도량을 깨끗하게 하기 위해 치르는 의식)을 맡은 스님이 수박보다 큰 목탁을 치며 통도사 경내를 돌고 나면, 범종루의 작은 범종을 두드리며 지옥을 깨고 영혼을 구한다는 새벽종송이 이어집니다.

그 뒤 날짐승을 제도한다는 운판이 고운 쇳소리를 하늘에 흩뿌린 뒤 물짐승을 위해 목어가 맑은 나무소리를 냅니다. 이어서 큰 법고를 스님들이 돌아가며 치고 나면, 마지막으로 일만오천여 근의 범종이 깊고 큰 소리로 영축산 계곡을 뒤흔듭니다. 통도사 범종루는 규모가 큰 편으로 범종, 법고, 목어가 두개씩 있고 운판만 하나입니다.

펜화가는 통도사 범종소리를 들으면 숨이 막히고 눈물이 나는데 전생에 통도사에서 불화를 그리던 스님이었기 때문이랍니다.

조선시대
숙종 12년(1686) 수오대사가 세운 범종루가 새로 지어졌다는 기록은 없다. 1988년 일만오천근짜리 범종을 추가로 달았고, 법고와 목어도 하나씩 더 달았다. 숙종 12년(1686) 사인스님이 만든 작은 범종(보물 제 11-6호)은 박물관으로 옮기고, 모조품을 달았다.

현재의 범종루

1920년대의 범종루

불국사 석가탑

우리나라에서 가장 아름다운 석탑을 손꼽으라고 하면 많은 분들이 불국사 다보탑과 석가탑을 꼽습니다. 다보탑은 화려한 모습으로 여성적이고, 석가탑은 절제된 단순미로 남성적 아름다움을 보여줍니다.

석가탑은 큰 지진을 겪기도 하고, 번개를 맞기도 합니다. 이런 자연재해뿐만 아니라 인간에 의해 피해를 보기도 합니다. 1966년 사리장엄구(부처님 사리를 담은 그릇)를 노린 도굴로 인해 탑의 일부가 깨지고 탑이 기울게 됩니다. 이를 수리하기 위해 탑을 들어 올리다가 2층 지붕돌이 떨어지면서 먼저 내려놓았던 3층 탑신석을 훼손하는 대형 사고가 벌어집니다. 이 수리 때 발견된 사리장엄구 속에서 세계에서 가장 오래된 목판인쇄본인 '무구정광대다라니경'이 발견되었습니다.

국보 제21호, 신라시대
불국사의 창건과 함께 건립되었으며 대웅전 앞뜰에 동서로 마주 서 있는 석탑 가운데 서쪽에 있는 탑이다. 석가탑 또는 무영탑이라고도 한다.

금강산 신계사

휴전선을 넘어 금강산에서 신계사를 만났습니다. 절 앞으로 소나무 군락이 천만 병사처럼 도열해 있었고, 그 너머로 금강산 집선연봉이 병풍처럼 장대하게 둘러섰습니다. 이처럼 기막힌 구도를 만나는 기회가 펜화가의 일생에 또 있을지 모르겠습니다.

집선연봉과 여러 건물의 세밀한 묘사를 위하여 화폭을 넓게 잡았습니다. 세계에서 가장 가늘다는 펜촉을 사포에 갈아가며 연봉 하나하나와 기와 한 장까지 그렸습니다. 금강산에서 돌아와 한달을 넘게 그렸으니 다른 펜화보다 서너 배 공력이 든 셈입니다.

펜촉 60여 개를 갈아가며 대략 200만 번이 넘는 펜선을 긋는 동안 집선연봉의 기운이 함께하여 피곤을 잊었습니다. 불가에서 말하는 환희심이 이런 것이 아닐까 싶습니다.

서양화의 원근법대로 그리면 배경인 집선연봉이 작아집니다. 사진도 마찬가지입니다. 펜화에서는 김영택 원근법을 적용하여 소나무 숲과 집선연봉을 확대하여 그렸더니 현장에서 본 감흥이 그림에서 느껴집니다. 카메라의 렌즈와 다른 인간의 시각에서 그림 원근법을 만든 것입니다.

북한 국보 문화유물 제95호, 신라시대
신계사는 금강산 외금강 온정리에 있는 사찰이며, 신라의 보운스님이 519년에 창건하였고 효봉 한암스님이 수행하였다고 전해진다.
유점사, 장안사, 표훈사와 함께 금강산의 4대 사찰로 꼽힌다.

대한문

경복궁의 정문은 광화문이고, 창덕궁은 돈화문, 창경궁은 홍화문, 경희궁은 흥화문입니다. 모두 화(化)자 돌림인데 유독 덕수궁의 정문만 '대한문'인 이유가 뭘까요?

임진왜란으로 모든 궁궐이 잿더미가 된 한양에 돌아온 선조는 정릉동에 있는 월산대군 사저를 행궁 삼아 16년을 살다 승하했습니다. 뒤를 이은 광해군이 행궁을 경운궁(지금의 덕수궁)이라 이름 짓고 궁궐로서의 면모를 갖췄지만 광해군이 창덕궁으로 옮겨가면서 경운궁은 오랫동안 비어 있었습니다. 을미사변으로 왕후를 잃은 고종이 경복궁에서 덕수궁으로 거처를 옮겼습니다. 이때 궁 남쪽에 정문인 인화문을 세웠으나 사용하기 불편해 동문인 '대안문'이 정문 역할을 하였고, 대안문의 이름을 그 뒤 '대한문'으로 고쳤습니다.

현재 대한문은 도로를 확장하면서 뒤로 옮겨졌습니다. 문 앞의 월대는 흔적조차 없고 계단 소맷돌인 돌짐승 한 쌍만 남아 문을 지키고 있습니다.

펜화는 대안문 현판이 달렸던 옛 모습을 재현했습니다.

덕수궁의 정문, 조선시대

임진왜란 당시 선조가 의주까지 피난 갔다가 서울로 돌아왔을 때 궁궐이 모두 불타버려 거처할 궁이 없자, 왕족의 집들 중에서 가장 규모가 크고 완전했던 월산대군의 집을 행궁으로 삼아 거처하게 된 것이 덕수궁의 시초이다.

광해군 3년(1611)에는 '경운궁(慶運宮)'이라 이름 하였다. 경운궁의 정문은 원래 정남쪽의 인화문(仁化門)이었으나, 다시 지으면서 동쪽에 있던 대안문을 수리하고 이름도 대한문(大漢門)으로 고쳐 정문으로 삼았다.

경복궁 근정문 돌짐승

경복궁 근정문 층계 중심에는 장방형의 답도를 중심으로 돌짐승 한 쌍이 좌우로 배치되어 있습니다. 임금님 전용 층계로 평소에는 왕도 이용하지 않았다는데, 봉황 두 마리가 새겨진 답도(임금이 지나는 길, 임금이 가마를 타고 위를 지나므로 계단 형식으로 되어있지 않고 평평한 돌로 만들어짐)를 많은 관광객이 밟고 다니는 바람에 그 문양이 닳아버렸습니다. 조선시대에 답도를 밟았다가는 목숨을 부지하기 어려웠을 것입니다.

원래 모습을 찾아 그리느라 애를 먹었습니다.

복원한 흥례문의 답도와 돌짐승은 새로 만들어진 것입니다.

돌짐승을 해태라고도 하나 몸통에 비늘이 있어 아니라는 전문가도 있습니다. 중국의 궁궐에는 사자를 수호 동물로 썼고, 일본에서는 고마이누(고구려 개)를 세웠으며 조선에서는 해태를 이용했습니다. 그래서 해태도 털복숭이 개라는 주장이 있습니다.

석조물, 조선시대

해태는 시비·선악을 안다는 상상의 짐승이다. 다른 이름으로 '해치'라고도 불리는데, 해치는 옛날 순우리말로서 '해님이 파견한 벼슬아치'의 줄임말이라고 한다. 조선시대에 대사헌의 흉배에 새겨지기도 하였고, 경복궁, 창덕궁 등 궁궐을 재건하면서 화재나 재앙을 물리치는 의미로 장식되었다.

혜화문

서울 종로구 혜화동에서 성북구 돈암동으로 넘어가는 큰길 옆 언덕에 새로 지은 혜화문이 있습니다. 조선시대 혜화문 밖에 펼쳐진 넓은 분지에는 오래된 소나무가 무성하고 복숭아나무가 많아, 해마다 봄철이면 놀이 나온 사람들로 골짜기가 인산인해였다고 합니다. 그래서 도화동이라고도 했는데 지금의 모습을 보면 도무지 상상이 되지 않습니다.

혜화문은 일제강점기에 도로를 내면서 헐어버렸습니다. 현재의 문은 과거 위치에서 오른쪽으로 옮겨 복원된 것입니다.

성문, 조선시대
동소문이라고도 한다. 도성에는 4개의 대문과 4개의 소문(小門)이 설치되었는데, 혜화문은 동문과 북문 사이에 세워졌다. 북문인 숙정문이 제 역할을 못했기 때문에 북문 역할을 했다.

화서문과 서북공심돈

정조는 아버지 사도세자의 묘를 수원으로 옮기고 '화성' 공사를 시작합니다. 설계를 맡은 정약용은 중국과 서양 성의 좋은 점을 취해 화성을 당대 최고의 성으로 만듭니다.

성문 앞에 옹성을 둘러쌓아 문을 부수려는 적을 등 뒤에서 공격하도록 했고, 성벽을 오르는 적을 측면에서 무찌를 수 있도록 치성과 포루, 각루와 돈대를 튀어나오게 지었습니다. 노대와 공심돈을 높이 세워 감시 기능과 공격 기능을 강화했습니다.

화성을 보면 '전투를 위한 성곽도 이렇게 아름다울 수 있구나' 하고 감탄하게 됩니다. 위엄이 가득한 중국과 일본의 성곽과는 다른 '선의 아름다움'으로 한국인의 미적 특성이 그대로 담겨 있습니다.

이곳저곳 모두 멋진 그림이 됩니다만 '화서문(華西門)'과 '서북공심돈(西北空心墩)'을 화폭에 담았습니다. 옛 사진을 바탕으로 그렸기 때문에 복원된 현재 건물과 다른 부분이 있습니다. 화서문 지붕 위에 본래 잡상이 있었는데 복원된 현재 건물에는 빠졌기에 살려놓았습니다.

화서문 | 보물 제403호, 조선시대
정조 20년(1796)에 만들어졌으며, 옹성의 북쪽으로 조금 떨어진 곳에는 서북쪽 공심돈이 성벽을 따라서 연결되어 있다. 옹성 위에는 장안문이나 팔달문과 같이 문루 기부에서 통할 수 있게 하고, 그 양면에 성 위에 낮게 담을 쌓아 외부로 근총안·원총안·현안을 뚫어 철저한 방어가 되도록 하였다.

서북공심돈
서북공심돈은 성벽의 일부를 약간 밖으로 돌출시켜 치를 만들고, 그 위에 벽돌을 가지고 3층의 망루를 세우고 망루 꼭대기에는 포사를 지어 군사들이 머물 수 있도록 했다. 현존 성곽 건축에서는 화성에서만 볼 수 있는 것으로 재료의 유연성과 기능성이 우수하며, 독창적인 건축형태와 조형미를 가지고 있다.

미륵사 서석탑

우리나라에서 가장 크고 오래된 석탑이 전북 익산군 금마면 미륵사 터에 있었습니다. 허물어진 것을 일제강점기에 시멘트로 보강해 6층 지붕돌 귀퉁이까지만 복원하였습니다. 2001년부터 해체를 시작해 2016년 복원작업을 완료할 예정입니다만, 9층으로 완전한 복원을 못한답니다. 남아 있는 석탑 부재들이 적어 완전한 모습으로 복원하려면 새 돌이 60% 정도 들어가야 하는데 이 경우 국보 제11호로 인정받지 못한다고 합니다. 어쩔 수 없이 과거 형태에서 약간 보강하는 모습으로 복원한다고 하기에 펜화로 복원해 보았습니다.

백제 무왕 때 지은 미륵사는 백제 최대 사찰로 높이 50m가 넘는 9층 목탑 좌우에 석탑 2기가 있었습니다. 동국여지승람에 '동방 석탑 중 최고'라 할만큼 크고 아름다운 석탑이었습니다. 목탑처럼 기둥과 기둥을 연결하는 평방과 창방이 있어 석탑 양식의 변화 모습을 보여줍니다.

인천공항 입국장 통로에 설치한 국가문화홍보부스에 백제시대를 대표하는 문화재로 펜화가 전시되어 있습니다. 펜화가가 임의로 그린 그림이지만 국립중앙박물관의 감수를 받았습니다.

국보 제11호, 백제(삼국시대)
무왕(600~641) 때 만들어진 것으로 추정되는 이 탑은 높이 14.24m로 우리나라에서 가장 높고 가장 큰 석탑이다. 이 탑을 우리나라에서 가장 오래된 석탑으로 보고 있는 이유는, 이 탑의 양식이 그 이전에 유행했던 목탑의 각 부 양식을 나무 대신 돌로써 충실히 재현하였기 때문이다.

해인사 일주문

가끔 저에게 "왜 절을 많이 그립니까?"라고 묻는 분이 있습니다. 우리나라 문화재 중 약 65%가 불교문화재입니다. 그러니 건축문화재 그림 열 장을 그리면 그중 예닐곱 장은 사찰 건물이 됩니다.

해인사 주지스님이 "이 사람이 우리 절은 왜 안 그리는고?" 라고 하였답니다. 해인사가 어떤 절입니까. 팔만대장경을 모신 법보사찰로 우리나라 3대 사찰 중 하나입니다. 그러니 이 절 저 절 그리면서 해인사를 빼먹었다고 꾸중을 들어도 싸지요. 그러나 사실은 두 번을 들렀으나 그림 구도가 보이지 않아 못 그린 것입니다. 다시 찾아가 절 구석구석을 돌며 구도를 다시 찾아보았습니다.

펜화의 구도는 '일주문'을 뒤에서 본 모습으로, 여태까지 그렸던 그림들과는 사뭇 다른 구도입니다. 그림은 1920년대 사진을 참고하여 고쳐 그렸습니다. 일주문은 사찰의 경내와 밖을 구분 짓는 상징적 건물인데 담장이 있으니 그 뜻이 명확해 보입니다.

사적 제504호, 팔만대장경 소장 사찰, 신라(삼국시대)
경상남도 합천군 가야면 가야산 소재. 신라 제40대 애장왕(哀莊王) 때 창건된 사찰로 조선시대 태조 8년에 고려팔만대장경판을 옮겨와 호국신앙의 요람이 되었다. 그 후 일곱 번의 화재로 소실되었으나 재건하였고, 현재의 모습은 조선시대 말에 중건하였다. 절의 첫 출입구는 일주문이다. 기둥이 한 줄로 되어 있어서 일주(一柱)라는 이름을 붙인다.

광화문

광화문(光化門)은 조선의 얼굴이었을 뿐만 아니라 지금 우리의 얼굴입니다. 임진왜란으로 불에 타버린 뒤 고종 때 재건되었으나 일제의 폭정으로 다시 헐려 옮겨졌습니다. 그것마저 6·25때 소실된 것을 콘크리트로 재건하였고, 다시 목재로 되살렸습니다. 새로 복원하면서 아쉽게도 문 앞 월대를 복원하지 못했습니다. 도로사정 때문입니다.

펜화는 옛 모습을 그대로 살렸습니다. 오래 전에 찍은 여러 장의 사진에 왕이 다니던 어도 부분이 제대로 나온 것이 없었습니다. 없어진 어도 앞 석수를 찾아 월대를 되살려 그렸습니다. 현판이 제대로 나온 사진이 없어 문화재청의 협조를 받았습니다. 덕분에 온전한 광화문 모습을 보여주는 유일한 자료가 되었습니다.

펜화의 가치를 인정한 이건무 문화재청장이 이 그림을 연하장으로 사용했습니다. 인천공항 입국장 통로에 설치한 국가문화홍보부스에서도 보실 수 있습니다.

조선시대

1395년 창건되어 1425년 집현전 학사들이 광화문이라고 이름 지었다. 섬세한 수법과 웅대한 구조를 보여주고, 전체적으로 균형과 조화를 이루어 장려한 외관을 지닌 가장 뛰어난 궐문(闕門)이다.

광화문 3개 홍예문 중에서 가운데 문은 임금이 행차하는 문으로, 천정에 봉황을 그려 넣었다. 정면 좌우에는 상상의 동물이자 영물인 해치상을 설치했다.

범어사 대웅전

대웅전은 범어사에서 가장 중요한 법당으로 정면 3칸, 측면 3칸이며 맞배집입니다. 대웅전으로 올라가는 계단이 다른 절에서 보기 힘들만큼 무척 넓은 이유는 예전부터 범어사 신도수가 많았음을 보여줍니다. 처음에는 가운데 계단 하나만 있었습니다. 축대 앞에 소나무 네 그루가 대웅전을 가리고 있어 빼고 그렸습니다. 결국 절에서도 후에 소나무를 다른 곳으로 옮겼습니다. 소나무를 옮기고 나니 실제 대웅전 앞이 그림처럼 훤해졌습니다. 축대 위 돌난간이 일본식이어서 우리 전통 난간으로 고쳐 그렸습니다. 난간을 고칠 날도 분명히 올 것입니다.

보물 제434호, 조선시대
신라 문무왕 18년(678)에 처음 지었다고 한다. 현재의 건물은
임진왜란 때 소실된 것을 광해군 6년(1614) 때 중건하였고,
숙종 39년(1713) 때 지은 것이다.

건원릉

동구릉의 여러 능 중에서 능의 구성요소인 홍살문, 정자각, 비각, 봉분을 한 화면에 담을 수 있는 능이 건원릉(健元陵)입니다.
조선왕조의 시조인 태조 이성계(1335~1408)의 능으로, 홍살문을 들어서면 혼령만이 다니는 신도와 왕이 다니는 어도가 일직선으로 정자각까지 뻗어 있습니다.
봉분에는 잔디 대신 태조의 고향에서 옮겨왔다는 억새가 거친 모습으로 북방의 바람을 일으키고, 문인석과 무인석 등 석조물들이 힘이 있어 건국 초기의 기상을 보는 듯합니다.
이 그림은 조선왕조의 능을 유네스코 문화재로 등재시키기 위해 제출하는 도록에 쓰기 위해 그린 것입니다. 우리의 능이 유네스코 문화재로 등재된 것을 보람으로 생각합니다.
앞을 가리는 나무들은 삭제하였고, 봉분을 키우고 억새풀을 강조하여 건원릉의 참모습을 만들었습니다.

사적 제193호인 동구릉의 하나, 조선시대
조선 제1대 왕 태조(太祖 1335~1408)의 무덤으로 9개의 조선 왕릉(건원릉·현릉·목릉·휘릉·숭릉·혜릉·원릉·수릉·경릉)으로 이루어진 동구릉(東九陵) 경내에 있다. 태조는 1408년 5월 24일 창덕궁 광연루 별전에서 숨을 거뒀다.

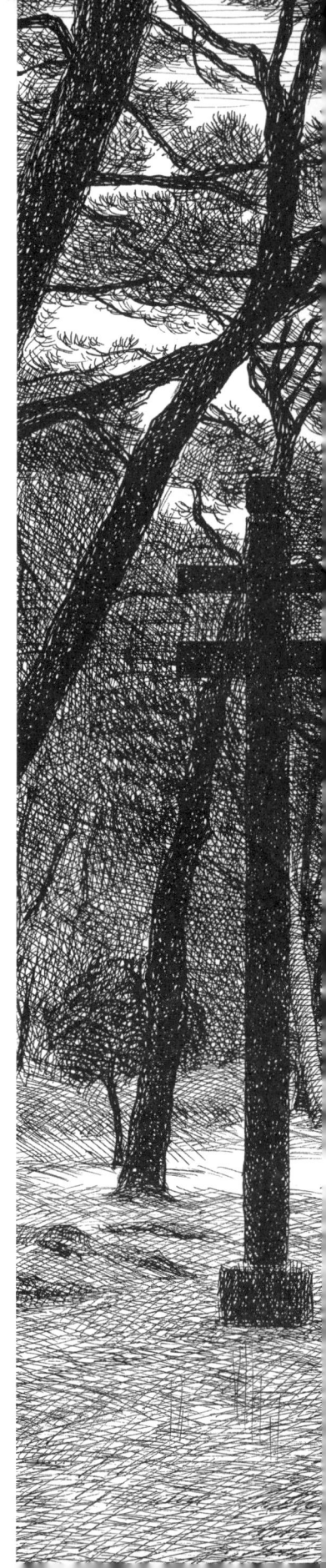

수원화성 방화수류정

우리 민족은 성곽도 참 아름답게 만듭니다. 중국이나 일본의 성은 직선이지만 우리 성곽은 구불구불합니다. 자연과 잘 어울리기도 하지만 병풍과 같은 원리로 넘어지지 않는 작용도 합니다.

한국인은 디자인에 관한 천부적 자질이 있습니다. 그 자질 중 하나가 '자연친화적 디자인 능력'입니다. 우리 민족의 자연친화적 디자인 감각이 유네스코 세계문화유산인 화성 성곽 곳곳에 배어 있습니다.

그중 가장 빼어난 건물이 '동북각루'입니다. 화성 동쪽 언덕에 세운 2층 누각 건물로 매우 독특한 모습입니다. 방화수류정(訪花隨柳亭)이란 멋진 별칭에 걸맞은 아름다운 누각입니다. 각종 문양 벽돌로 만든 벽체는 예술품 그 자체입니다.

방화수류정 사진은 연못에서 올려다본 구도만 있기에 새로운 구도로 그려보았습니다. 도로 등 일부를 삭제하여 분위기를 만들었습니다.

보물 제1709호, 조선시대
정조 18년(1794) 수원 천도(遷都)를 위하여 화성(華城, 사적 제3호)을 축조할 때 그 성곽 위에 꾸며졌던 정자와 누각 가운데 하나이다.
수원성의 북수구문(北水口門)인 화홍문(華虹門) 동쪽에 인접한 높은 벼랑 위에 세워져 있는데, 亞자형의 평면구성을 하고 있는 정교한 건물로 뛰어난 아름다움을 보여준다.

용선대

창녕 화왕산 관룡사 마당을 거쳐 20분쯤 오르면 배처럼 생긴 큰 바위를 만나게 됩니다. 신라 사람들이 이 배 위에 부처님을 모셔서 '반야용선'을 만들었습니다.

망망대해와 같은 드넓은 산야를 내려다보는 부처의 용모와 자태가 뛰어납니다. 신체의 비례가 좋고, 법의도 제대로 조각되어 있습니다. 미소를 머금은 근엄한 표정에 정이 갑니다.

비바람 거센 바위 위에서 이처럼 훌륭한 불상을 조각한 석공은 누구일까요? 가을에 용선대를 찾아가시면 5만여 평에 달하는 화왕산성 억새꽃의 특별한 장관을 보게 됩니다.

펜화에는 용선대가 위험하다고 판단하여 나중에 설치한 난간과 석등 받침을 삭제하고 그렸습니다. 부처님과 좌대를 세밀하게 묘사하기 위해 0.1mm 굵기의 펜촉을 사포에 갈아 0.05mm 정도로 만들어 그렸습니다.

보물 제295호, 신라시대
경상남도 창녕군 창녕읍 옥천리 관룡사 용선대에 있는 통일신라시대의 불상.
직선에 가까운 눈, 오똑한 코, 미소를 머금은 입은 온후한 인상을 나타내고 있다. 귀는 길어 어깨에 닿았으며, 목의 삼도(三道)는 가슴까지 내려오고, 어깨는 좁아지고 조금 올라간 위축된 자세이지만 안정감이 있다. 광배(光背)는 없어졌다.

미황사 대웅보전

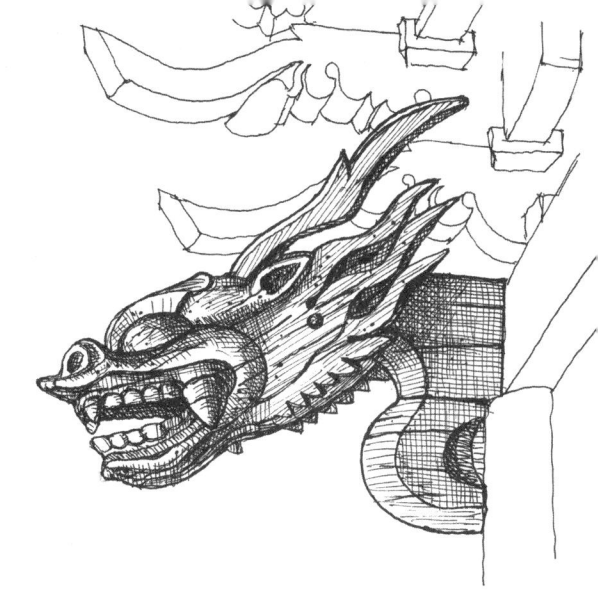

산사의 법당 주춧돌 위에서 거북과 게를 보신 적이 있습니까?
달마산은 남쪽의 금강산이라 할 만큼 기암괴석이 아름다운데 우뚝 선 바위들이 마치 500나한이 도열한 것 같아 보입니다. 이름난 산에는 좋은 절이 있기 마련이니 달마산에는 미황사(美黃寺)가 오랜 역사를 자랑합니다.

대웅보전은 정면 3칸, 측면 3칸의 크지도 작지도 않은 법당입니다만 단아한 자태는 도도해 보일 정도로 귀티가 납니다. 단청이 씻겨나간 기둥의 피부가 어찌 이리도 곱습니까? 손을 대면 따스함이 느껴질 것 같습니다.

대웅보전 기둥 주춧돌에 연잎과 연봉이 새겨져 있는데 연봉 사이로 게와 거북이 조각되어 있습니다. 엄숙한 법당의 주춧돌에 이런 일을 벌인 이들은 누구일까요?

달마산과 대웅보전을 사진에 담으면 현장에서 본 감흥이 부족해 보입니다. 김영택 화법을 적용해 펜화로 그렸더니 주지 금강스님이 무척 좋아하는 그림이 되었습니다. 달마산 연봉이 강조되었기 때문입니다.

보물 제947호, 신라시대
신라 경덕왕 8년(749)에 의조스님이 인도에서 가져온 불경, 불상, 불화 등을 봉안하기 위해 이 절을 세웠다고 한다. 1597년 정유재란으로 불에 탄 것을 1598년, 1660년, 1754년에 각각 새로 지은 것으로 기록되어 있다. 현재의 건물은 영조 30년(1754)에 중건된 것임을 알 수 있다.
여수 흥국사 대웅전을 비롯하여 강화 전등사 대웅전에서도 볼 수 있는 조선 중기의 독특한 장엄법식이다. 단청도 높은 품격을 지닌 채 잘 남아있다.

소의문(서소문)

숭례문(남대문)과 돈의문(서대문) 사이에 세운 '소의문'은 인천과 강화를 잇는 관문이었습니다. 한양의 정문인 숭례문으로 중국 사신이 출입하였고, 격이 낮은 일본 사신은 소의문으로 출입하게 했습니다. 또한 광희문(光熙門)과 함께 시체를 도성 밖으로 내갈 수 있는 문이었습니다.

조선후기 성문 밖에 시장이 생겨 상업의 중심지가 되었습니다. 구한말의 사진에서나 볼 수 있는 소의문은 1914년 즈음 일제에 의해 철거되었습니다. 서울 중구 순화동 중앙일보 사옥 야외주차장 옆 도로가 옛 터입니다.

펜화는 다 헐어져 가는 모습의 옛 사진을 참고하여 고쳐 그렸습니다.

성문, 조선시대

태조 5년(1396)에 다른 성문과 함께 지으면서 소덕문(昭德門)이라 하였다가, 영조 20년(1744)에 문루(門樓)를 세우면서 소의문(昭義門)이라 하였다. 한성부 4소문 중의 하나인 소의문을 속칭 서소문이라고도 한다.

고종 초기때까지 있었으나 갑오개혁으로 행정구역을 개편할 때 없어졌고, 1914년 일제강점기의 도시계획에 따라 근처 성곽과 함께 철거되어 사진으로만 그 모습이 전해진다.

철감선사 부도

쌍봉사 철감선사 부도는 한국 부도 중에서 가장 아름다운 부도로 손꼽습니다. 오랜 세월에 마모가 되었고 이끼가 많아서 세밀한 형태를 알아보기 어려웠습니다. 특히 사리를 도둑질하려고 도굴꾼들이 탑을 쓰러뜨릴 때 지붕돌이 많이 깨졌습니다.

야간에 조명을 비추어 조각의 세밀한 모습을 촬영하여 온전한 모습으로 되살려 그렸는데, 엄지손톱 넓이의 수막새 기와에 새긴 여덟 개의 연잎을 보면 감탄이 절로 납니다.

부도는 신라시대의 가옥 형태를 돌에 옮긴 것입니다. 몸돌의 기둥은 배흘림 기법이 완연합니다. 전면과 후면 출입문에는 고급 자물쇠를 채웠고, 사천왕이 네 면에, 나머지 두 면에 비천상이 배치되었습니다. 겹처마 지붕의 선도 무척 아름답습니다.

상대석 여덟 면에 가릉빈가(불경에서 말하는 상상의 새)를 조각하였고, 하대석 윗돌에는 여덟 마리의 사자가 부도를 지키고 있는데, 노는 모습이 강아지처럼 귀엽습니다. 아랫돌에는 구름과 용을 배치하여 스님의 집이 하늘 위 불국토에 있는 것을 상징하였습니다.

국보 제57호, 신라시대
신라 경문왕 때 국사에 오른 철감선사 도윤스님(798~886)을 모신 부도로, 8각 원당형(圓堂形)에 속하는 통일신라시대의 부도 중에서 조각이 화려한 걸작품이다. 경문왕 8년(868)에 입적한 철감선사를 위하여 탑비와 함께 세워졌으며, 일제강점기에 파괴된 채 방치되었다가 1957년에 재건하였다. 건립은 철감스님이 입적한 후 오래지 않아 이루어졌던 것으로 추정된다.

함양 화림동 동호정

우리 선조들은 풍치 좋은 곳에 정자를 세우고 심신수양을 하였습니다. 계곡의 물소리를 들을 수 있는 정자가 여럿이 모인 곳이 함양의 화림동 계곡입니다. 덕유산에서 발원한 계류를 따라 거연정·군자정·동호정·농월정이 있습니다.

동호정(東湖亭)에서 눈여겨 볼 것이 높은 누하주(누마루 아래 기둥)와 계단입니다. 구불구불 제멋대로 자란 원목을 그대로 쓴 누하주는 일본이나 중국에서 보기 힘듭니다. 한국인의 자연 친화적 성격이 잘 드러난 것입니다. 통나무 두 개를 파서 만든 계단도 누하주와 형제처럼 보입니다.

누마루에 오르면 강 속에 '차일암'이라는 넓은 너럭바위가 시야에 꽉 찹니다. 100여 명이 야유회를 해도 될 만큼 여유가 있습니다. 동호정을 높이 지은 이유가 차일암을 잘 보기 위함이 아닌가 싶습니다.

경상남도 문화재자료 제381호, 조선시대
임진왜란 때 선조의 의주 몽진을 도와 공을 세운 동호 장만리(章萬里) 선생을 기리기 위하여 1895년 건립한 정자이며 1936년에 새로 지었다. 남강천 담소 중의 하나인 옥녀담에 있으며 화림동 계곡의 정자 중 가장 크고 화려하다.

범어사 종루

범어사 종루는 원래 심검당 옆에 있었던 것을 일제강점기에 현재의 자리로 옮긴 것입니다. 전면 3칸, 측면 3칸 누각 형태로 당당한 크기입니다.
누대 아래에 설치하였던 기념품판매점을 철거하여 본래 모습을 되찾았습니다. 펜화에서는 공중전화 박스 등도 제외하였습니다.
범어사 동종이라는 명문이 새겨진 범종은 높이 127cm로 조선후기 범종의 대표작으로 손꼽습니다. 1728년 제작된 범종은 보존 상태도 좋아 종 이름, 만든 시기, 무게, 종을 만든 장인의 이름, 시주자 등의 명문을 볼 수 있습니다.
펜화의 어려움 중에 하나가 원근 표현입니다. 채색화에서는 진하고 엷은 색으로 원근을 표현합니다. 그러나 진한 먹물잉크는 농담이 없어 가깝고 먼 것을 나타내기 어렵습니다. 주로 펜촉의 굵기를 조절하는 방법을 씁니다. 범어사 종루는 원근 표현이 잘 된 작품입니다.

부산광역시 유형문화재 제90호, 조선시대
종루는 아침과 저녁 예불과 의식이나 행사 때 쓰이는 사물(四物), 즉 범종(梵鐘) 법고(法鼓) 운판(雲板) 목어(木魚)가 설치된 건물이다. 숙종 25년(1669)에 명학스님이 중창했다고 전하는데 일제 초기에 지금의 자리에 그대로 옮겨 세웠다. 건축 양식이 미륵전과 흡사하여 1889년경에 크게 손질한 건물임을 알 수 있다.

금산사 미륵전

전북 김제 금산사(金山寺) 미륵전은 높이가 18.91m입니다. 밖에서 보면 3층이지만 내부는 터져 있는 통층 건물입니다.

미륵전 내에 흙으로 만든 소조 불상에 금칠을 한 본존불이 있는데 1934년 불에 타 1938년 석고로 복원했습니다.

미륵전 옆 언덕 위에 2단으로 쌓은 방등계단은 통도사 금강계단과 같이 부처님의 사리를 모신 곳입니다. 대장전에 모신 석가모니불의 광배를 눈여겨 보세요. 대단히 잘 만든 광배입니다. 대장전 지붕에는 탑에만 있는 상륜부가 있어 눈길을 끕니다.

국보 제62호, 백제시대

우리나라에서 유일하게 3층으로 지어진 불전이다. 《삼국유사》에 따르면, 금산사는 백제 법왕 1년(599)에 창건한 큰 사찰로써, 신라 혜공왕 2년(766)에 진표(眞表)스님이 중창한 것으로 되어 있다.

현재의 건물은 선조 30년(1597) 정유재란 때 소실된 것을 1635년 수문(守文)스님이 재건하고도 네 차례에 걸쳐 새로 지어 현재에 이르고 있다.

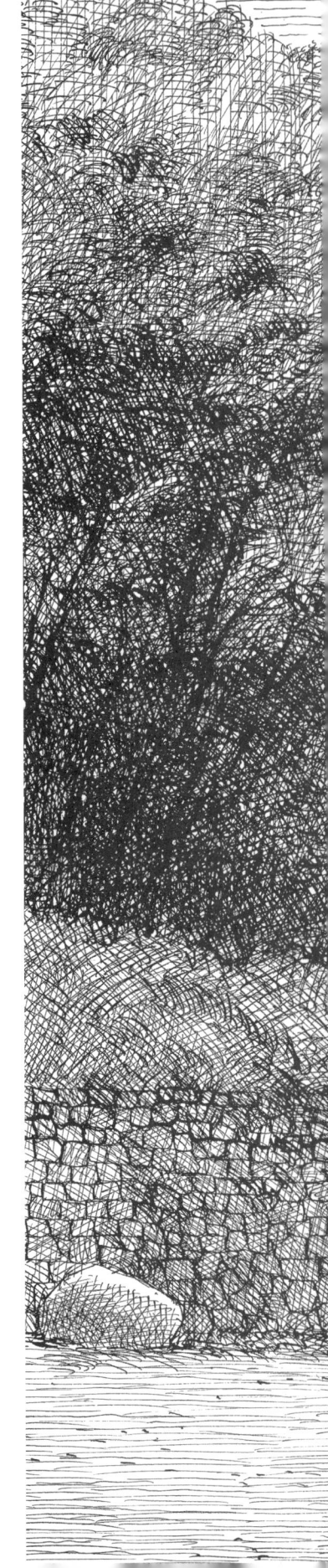

화성 화홍문

수원화성의 또 하나의 매력 포인트는 바로 총과 포를 이용하여 전투를 하는 성이라는 것입니다. 정조는 화성의 설계를 젊은 정약용에게 맡겼습니다. 이에 정약용은 중국 성은 물론 서양 성의 장단점까지 일일이 따져 이 성을 세웠습니다.

성문 앞 옹성(甕城), 성의 일부가 튀어나온 치성(雉城)과 포루(砲樓)는 적에게 상당히 위협적이었을 겁니다. 성벽을 오르는 적을 옆에서 공격할 수 있으니까요. 다연발 활인 쇠뇌를 쏘기 위한 노대(弩臺), 적을 살피기 위한 공심돈(空心墩) 등은 당시 혁신적인 전투 설비였습니다.

화성은 미학적으로도 탁월합니다. 곳곳에 '선(線)의 아름다움'이 배어 있습니다. 성 안을 흐르는 강에도 멋진 수문을 만들었습니다. 북수문과 남수문이 있는데 북수문을 화홍문(華虹門)이라 합니다. '아름다운 무지개 문'이란 뜻이죠. 옆 언덕 위 방화수류정과 함께 화성 최고의 볼거리로 손꼽습니다. 그림은 1920년대 화홍문 모습입니다.

수원성곽 사적 제3호, 조선시대
수원화성의 북수문이며 남북으로 흐르는 수원천의 범람을 막아주는 동시에 방어적 기능까지 갖추고 있다. 화강암으로 쌓은 다리 위에 지은 문이다. 7개의 수문을 통하여 맑은 물이 흘러 물보라를 일으키는데, 현란한 무지개가 화홍문을 한층 더 아름답게 한다. 주변의 경관이 아름답게 꾸며져 있어 군사적·토목기술적·건축미적인 면에서 한국 건축의 걸작이다.

송광사 우화각

송광사 일주문을 들어서면 계곡 위에 '능허교'라는 돌다리 위에 '우화각'이라는 정자 모습의 건물이 통로 역할을 합니다. 다른 절에서는 보기 드문 건물입니다. 이 다리와 우화각, 육각형의 돌기둥이 계곡물에 비친 모습이 송광사의 상징입니다. '그림처럼 아름답다'는 말이 저절로 나옵니다.

송광사는 고려시대 보조국사 지눌스님이 '정혜결사'라는 정화운동을 위해 지은 절입니다. 이후 많은 스님들이 열심히 공부하고 도를 닦아서 국사가 열여섯 분이나 배출되었습니다. 그래서 송광사를 승보사찰이라고 합니다. 지금도 선방에서는 치열하게 수행을 하는 스님들로 신선의 기운이 가득합니다.

조계산 분지에 들어앉아 있어서 절 분위기가 무척 아늑합니다. 스님들의 수행공간이라고 한때는 일반인의 출입이 어려운 절이었습니다. 지금은 호남의 중심 사찰로 템플스테이에 많은 분들이 다녀갑니다.

전라남도 유형문화재 제59호, 조선시대
송광사 대웅전으로 들어가는 통로인 다리(삼청교)와 그 위에 지은 건물(우화각)이다. 삼청교의 다른 이름은 능허교이다. 19개의 네모난 돌로 무지개 모양을 만든 후, 양 옆에 돌을 쌓아 무게를 지탱하도록 하였다. 무지개 모양의 중심에는 여의주를 물고 있는 용머리돌이 나와 있다. 이 다리 위에 우화각은 사람의 통행을 돕는 역할을 하고 있다.

김영택 金榮澤

1945년 인천 출생. 홍익대학교 미술대학 졸업, 대한민국 산업디자인전 심사위원. 국제상표센터가 세계 정상의 디자이너 54명에게 수여한 '디자인 앰배서더'에 국내 최초로 뽑혔다. 벨기에서 개최한 제1회 세계로고디자인 비엔날레에 초청되었으며, 세종대학교 겸임교수를 지냈다.

2004, 2006년 학고재에서 초대전을 열었으며, 2005년 현대백화점 전국 순회전을 가졌다. 2007년 마산문화방송 특별초대전, 2008년 울산시 초대전, 2009년 국립청주박물관 특별전과 통인화랑 초대전을 가졌다. 2012년 경주시 국제펜대회 개최기념 초대전과 한양대학교 박물관, 통인화랑 초대전을 열었다. 2014년 서울 롯데호텔갤러리 초대전, 한점갤러리 개관기념 초대전을 열었다.

2003년과 2004년 통도사 캘린더, 2005년 LG그룹 캘린더, 2009년 문화재청 캘린더, 2014~15년 조계종단 총무원 캘린더, 2014년 범어사 캘린더, 2015년 송광사 캘린더를 만들었다.

저서로 '펜화기행', '아름다운 우리 문화유산', '멋진 세계 문화유산', '펜화, 한국 건축의 혼을 담다'가 있다.

중앙일보에 2002~8년 '김영택의 펜화기행'을 연재하였고, 2009~12년 '김영택 화백의 세계건축 문화재 펜화기행'을 연재하였다. 2004~5년 주간조선에 '김영택의 펜화로 본 한국'을 연재하였다.

국가브랜드위원회에서 한국의 대표작가로 선발하였고, 인천공항 입국장에 작품 8점이 상설전시 되었으며, 교학사 발행 중등미술교과서에 새로운 미술장르로 김 화백의 펜화작품이 수록되었다. 2014년 시진핑 중국 국가주석 방한 때 부인 펑리위안 여사에게 나선화 문화재청장이 김 화백의 창덕궁 부용정을 펜화로 만든 기념패를 증정하였다.

현재, TV조선 '김영택의 펜화기행'에 출연하고 있으며, 한국펜화가협회 초대회장이다.

ⓒ Kim Young-Taek 010-4820-7161 penwhaga@hanmail.net

Kim Young-Taek

Graduated the College of Fine Arts at Hongik University. He had served panel of judge for the Korea Industrial Design Exhibition, and was the first Korean selected as a "design ambassador" by the International Trademark Center, an honor given to 54 top designers who have fulfilled outmost achievements. He was invited as a guest artist at the 1st International Logo Design Biennale in Belgium and he had served as an adjunct professor at Sejong University.

He was invited to hold exhibitions at Hakgojae Gallery in 2004 and 2006, had Hyundai Department Stores Tour nationwide in 2005, participated in a Masan MBC special private exhibition in 2007, Cheongju National Museum special exhibition and Solo Exhibition at Tong-in Art Gallery in 2009. In 2012, he held three invitation exhibitions at Kyoungju-city, for commemoration of holding Kyoungju International Pen Competition, at Museum of Hanyang University, at Tong-in Art Gallary. In 2014, he held Seoul Lotte Hotel Gallery exhibition and Hanjeom Gallery Openning special Exhibition.

Between 2002 and 2008, his "Kim Young-Taek's Pen Sketch Travel Diary" was serialized in the Joongang Ilbo, while his "Korea Through Kim Young-Taek's Pen" was serialized in the Chosun Weekly in 2004 and 2005. He has made many calendars, one for LG company in 2005, another for Cultural Heritage Administration in 2009, another for the temple 'Beomeosa' in 2014, the other for the temple Songkeangsa in 2015. He has written several books, named 'Pen Sketch Travel Diary', 'Our Beautiful Cultural Heritage', 'World's Gorgeous Cultural Heritage' and 'Soul of Korean Architecture Embodied in Pen Drawings'.

He was granted the title of Artist Representing Korea from Presidential Council on National Branding(PCNB). He was also chosen for artist introducing Korean tradition from Incheon International Airport. His eight artworks are on display at an entrance lounge of Incheon International Airport. His "World Architectural Cultural Properties Rendered in Pen" is currently being serialized in the Joongang Ilbo. He is the first president of Pen Drawing Artists Association of Korea. His drawings were published in Kyohaksa's middle school textbook of art, as a new genre of art. While Xi-Jinping visit Seoul, Na-Sunhwa, head of the Cultural Heritage Administration present Peng Liyuan with memorial medal of Kim's artwork of Buyongjeong, Changduk palace.